El corazón de la luz

Beñat Arginzoniz

EDICIONES
El Gallo de Oro

Colección Poéticas, 1
Primera edición en El Gallo de Oro, marzo de 2024

© Beñat Arginzoniz, 2024
© De esta edición: Ediciones El Gallo de Oro, 2024

Maquetación y portada: Yolanda Isasi
Impresión: Gráficas Fernan
ISBN: 978-84-128285-4-2
Depósito legal: BI-00440-2024

Ediciones El Gallo de Oro SL
Alameda San Mamés 43BIS. Sexta planta. Local 2.
48010 Bilbao
www.elgallodeoroediciones.com

No sabemos qué hacemos aquí ni a qué hemos venido. No sabemos por qué hacemos lo que hacemos ni cuál es la razón secreta de nuestro existir. Ni siquiera sabemos cuál es nuestro verdadero nombre, aquel que está escrito con letras de oro en el libro de la eternidad.

Es como si viviéramos olvidados bajo un cielo extraño y hasta nosotros tan solo llegara una luz lejana, una luz borrada por el dolor de todos.

Quizá debamos acostumbrar nuestros ojos a la oscuridad. Quizá debamos olvidarnos poco a poco del nombre de todas las cosas y buscar la luz al fondo del olvido, en el silencio más negro de la noche. ¿Por qué tener miedo?

Pensamos que nuestro camino es largo y sin embargo no hay ningún camino. Queremos llegar a algún lugar porque hemos dejado de ver aquello que está más cerca de nosotros. No podemos ver que todos los lugares están aquí.

Aquí, en el instante de la herida o en el dolor de la espera. Aquí, donde parece no haber nada ni nadie y sin embargo todo acontece.

Las flores y los árboles recuerdan con claridad el rostro de la luz. Pasan los pájaros y es como si una mano invisible

los llevara suavemente. Pasan sin peso
ni memoria, cruzan el cielo sin saber
nada —si creyeran saber algo apenas
podrían volar—.

Hay a nuestro alrededor una verdad que
se nos escapa, es una confianza que de
alguna manera, en algún momento, hemos perdido.

Sufrimos porque hemos aprendido de-
masiadas cosas torcidas. Aún debemos
olvidar muchas cosas inútiles para empe-
zar a ver las pocas cosas que verdaderamente sirven para algo. Son pocas, apenas dos o tres: *Saber que estamos aquí y
que la luz existe, saber que no estamos solos.*

La poesía nos enseña a ver lo que hay
a nuestro lado, la poesía nos enseña a
nombrar el mundo nuevamente. Pero
antes debemos recorrer sin descanso

el viejo claustro del miedo y desgastar el mosaico de las palabras. Antes debemos quedarnos mudos. Cuando ya nada tenga nombre nos será más fácil ver la luz.

Ninguna palabra debería existir a no ser que estuviera atada con un hilo de oro a nuestro corazón, o mejor dicho: con un hilo de sangre.

Cada uno de nosotros, a cada paso, asciende hacia la luz o desciende hacia la oscuridad. Subimos o bajamos por una misma escalera. Es una escalera hecha con brillantes peldaños de palabras.

Estamos eligiendo sin saberlo, ganando o perdiendo a cada rato la eternidad, pues esta vida aúna todas las posibles eternidades.

Entre un infinito pasado y un infinito futuro el tiempo sólo es una ilusión. Siempre hemos estado aquí: ya es hora de dejar de recordar lo que nunca ha sido y de esperar lo que nunca será.

Aquí —en la luz imperecedera del siempre— podemos vernos y darnos la mano, aquí podemos reír o llorar; amarnos en este instante que nunca termina.

La vida no es una broma ni es un error. Los niños lo saben, los poetas también lo saben. Y lo saben todos esos seres que parecen estar perdidos. Torpes, despistados, confusos... con el corazón atravesado por el filo de todas las ausencias. Están buscando la luz. Están absortos en lo esencial. Se han tomado la vida en serio, por eso su vida es un juego, por eso juegan con la seriedad de los niños.

Es difícil de entender. Son pocos los que ven la luz aunque son muchos los que la adivinan. Es difícil ver la luz porque la luz es el esfuerzo mismo de las criaturas, su lucha sin final.

El pájaro que busca su alimento en el limo, el insecto que espera bajo la escarcha, el hombre que conduce su taxi por el laberinto de la ciudad. Todos comparten una misma oscura raíz y un mismo fruto luminoso.

La luz viene y va por largos túneles de silencio. Entra en los hospitales, gime sobre las sábanas heladas, dispersa pétalos rojos por los pasillos. La luz es un blanco zumbido que no cesa. Una piedra insomne. Un cielo sin consuelo y un horizonte herido por todas las despedidas.

Pero la luz también descansa. Descansa en el puerto de otros ojos o se duerme en el hueco de una mano. A cada rato olvida su vuelo, basta para ello el parpadeo de una hoja o el guiño de una mariposa. A cada rato sonríe, juega con los anillos del agua o se pierde entre los ramos de la aurora.

Somos fragmentos de una luz interminable. Hemos ido a caer a un lugar oscuro, vivimos en la orilla rota del sueño. Pero la luz nos espera. Su latido nos empuja y nuestra carne es sólo la esperanza del reencuentro. Queremos salir de la oscuridad, volver a casa.

Es así de sencillo, no hay otro impulso ni hay otra verdad, por mucho que el mundo sea confuso, por mucho que todos hablen a la vez sin poder entenderse.

Nosotros no somos nadie, no somos nada. Aunque a veces podamos reconocer en nuestro interior ese pequeño brillo que es el origen y el final de todas las cosas. Somos tan solo el frágil espejo de la eternidad.

Los hombres se reúnen y hacen hogueras, quieren dejar de estar solos y de tener miedo. Cuando las hogueras se consumen los hombres se matan entre ellos, pero finalmente llega siempre el día en el que vuelven a perdonarse y a amarse.

La luz viene y va, aparece y desaparece, nunca muere completamente. Siempre hay alguien que la ve, siempre hay alguien dispuesto a protegerla con su propia vida.

La luz no es de nadie. La luz es de todos. Saber esto es saber también que lo más profundo de nosotros no nos pertenece.

Sin embargo parece que todos imitan los gestos del rey, parece que todos quieren ser poetas o brillar ante los demás. Fingen, mienten, representan su vida en un teatro. Sus palabras están ya escritas y es difícil sentir en ellas el latido de la sangre. Son muy pocos los que han ardido verdaderamente y menos aún los que son capaces de resurgir desde la ceniza.

Hay algo que siempre ha estado aquí y que nunca acabamos de ver. Quizá nos falte un poco más de confianza, un poco más de inocencia. Quizá nos falte caer, de una vez por todas, en la infinita fugacidad del instante. Dejar caer nuestro corazón en el corazón del mundo y vivir ya sin miedo ni esperanza, vivir en ese lugar donde laten al mismo tiempo el encuentro y la despedida...

Muchos han esperado durante años en la oscuridad y finalmente han hundido sus manos en los pozos olvidados de la luz. Han buscado la luz con el péndulo de su propio corazón —saben que en esa búsqueda nada es para ellos mismos—. Y han dejado de ser fantasmas repitiendo los gestos de una vida lejana.

Algún día alguien verá los rastros de esa luz y recogerá la semilla iluminada. Algún día surgirán nuevas flores. Extrañas flores difíciles de ver.

A veces basta un solo pétalo para que el mundo sonría, a veces basta un frágil tallo para que el cielo descanse.

La luz es sencillamente la poesía de las cosas, aquello que hace de este mundo

un lugar habitable. Hablo de un lugar
amable donde encontrarnos.

Cuando la luz deja de sufrir sentirnos
que estamos en otras manos o en otros
ojos, y comprenderemos, de pronto,
que estamos acompañados.

Es entonces cuando milagrosamente
comenzamos a vivir.

*Esta edición se terminó de imprimir
en el mes de marzo de 2024 en
Gráficas Fernan, Bilbao.*